UNE VIE AVEC DES CHOSES
A LIFE OF THINGS

UNE VIE AVEC DES CHOSES
A LIFE OF THINGS

PHOTOGRAPHIES PAR FRANCIS AMIAND
PHOTOGRAPHS BY FRANCIS AMIAND

DANIEL ROZENSZTROCH

POINTED LEAF
PRESS

Couverture Sur un meuble de dentiste : panier japonais ancien pour ikebana ; masque à igname *Abelam*, osier et pigments naturels, années 1950, Nouvelle-Guinée ; boule de pétanque en bois clouté ; vase en bois sablé du sculpteur contemporain Pascal Souder ; et théière en céramique de l'artiste française Ema Pradère.

Cover On top of a vintage dentist's cabinet: an ancient Japanese basket for ikebana, an *Abelam* mask of yam, wicker, and natural pigments, 1950s, New Guinea; a studded wooden *pétanque* ball; a sandblasted wooden vase by the contemporary sculptor Pascal Souder; and a teapot by the French ceramic artist Ema Pradère.

Pages de garde À l'entrée de mon appartement parisien, j'ai créé un mur en métal type *mood board*. J'y place et déplace toutes sortes d'objets insolites.

Endpapers In the entryway of my Paris apartment, I created a metal wall as a mood board. I put up and take down all sorts of unusual objects there.

2–3, 4 **Dos de la page de garde** Les collections évoluent parfois. J'ai entassé pendant des années un très grand nombre de *R* provenant d'enseignes en tous genres, de différentes époques et de plusieurs tailles.

Back of front endpaper Collections sometimes evolve. For years, I have collected the letter *R* from all sorts of signs, from various time periods, and in many sizes.

6–7 Jeu optique autour de carreaux noirs et blancs : un tapis berbère marocain en laine, un tabouret africain en perles de verre, une table de Mathieu Matégot en forme de cœur et des bracelets blancs sud-africains.

An optical game around black-and-white tiles—a Moroccan Berber wool rug, an African stool made of glass beads, a heart-shaped table by French designer Mathieu Matégot, and white South African bracelets.

---

9 À Paris, la présentation de mes collections commence déjà sur le palier de mon loft.

In Paris, my collections already start on the landing before you enter my loft.

---

10 Dans mon living room à Nice, le photographe m'a piégé dans l'un des miroirs en rotin de ma collection, datant des années 1950.

In my living room in Nice, the photographer caught me in one of the 1950s rattan mirrors in my collection.

12–19 Une autre de mes collections rassemble une quantité de petits cadres en tôle emboutie, d'époque Napoléon III, qui accueillaient à l'origine des images pieuses. Ils me servent à présenter d'une manière informelle photos et cartes de visite de toutes sortes.

Another of my collections brings together many little stamped-metal frames, from the era of Napoleon III, which originally held religious images. I use them to display, in an informal way, photographs and all kinds of business cards.

20–21 Sur une table de Mathieu Matégot se trouvent des objets extraits de mes collections, comme cette étonnante cuillère de l'artiste anglais Giles Newman et deux bols en d'Ema Pradère.

On a Mathieu Matégot rolling cart, some objects from my collections, such as this amazing spoon by the English artist Giles Newman; and two bowls by Ema Pradère.

8

22	Une table de sculpteur du 18e siècle de l'Académie des Beaux Arts de Carrare , en Italie accueille des pichets et bouteilles monoxyle en bois de châtaigner, sculptés par des bergers du sud-ouest de la France au 19e siècle.	An 18th century Italian sculptor's table from the Academy of Fine Arts of Carrara in Italy, holds pitchers and bottles of dugout chestnut wood carved by shepherds from southwestern France in the 19th century.
25	Une sculpture d'Élisabeth Joulia et deux pots d'Eric Astoul, célèbres potiers à La Borne, en France, voisinent avec quelques cuillères en bois.	A sculpture by Élisabeth Joulia and two pots by Eric Astoul, famous potters in La Borne, France, share space with a few wooden spoons.
26	Un pichet et une chope en bois monoxyle, sculptés par un berger au 19e siècle.	A pitcher and a mug made of dugout wood, carved by a shepherd in the 19th century.
29	Sur mon bureau, une paire de vases en perles et fil de fer, ouvrage de dames datant du 19e siècle, s'harmonise avec une vierge espagnole polychrome en bois du 18e siècle.	On my desk, a pair of pearl and wire vases, crafted by women in the 19th century, coordinates with a Spanish 18th century polychrome wooden maiden.
30–31	Avec l'aide de mon amie architecte Valérie Mazerat, j'ai conçu mon loft parisien comme un *open space* pour pouvoir mettre en valeur un maximum d'objets regroupés selon mes envies.	I designed my loft in Paris with the help of my friend, the architect Valérie Mazerat, as an open space to showcase a maximum of objects arranged according to my taste.
32–33	Mes livres sont mes sources d'inspiration et de connaissance de tous mes centres d'intérêt.	My books are the sources of inspiration and knowledge of all my areas of interest.
34–35	Une collection d'armoires industrielles vintage en métal crée une séparation entre la cuisine et le coin repas. Autour de la table dessinée par la designer italienne Paola Navone, une collection de chaises dépareillées en métal.	A collection of vintage industrial metal cabinets creates a separation between the kitchen and the dining area. Around the table by the Italian designer Paola Navone, a collection of mismatched metal chairs.
36–37	Le mur en métal séparant le living et ma chambre à coucher rassemble des objets disparates : photos d'Anne Garde et de Marie-Pierre Morel, un dessin d'Élisabeth Garouste et Mattia Bonetti, deux peintures aborigènes, une assiette avec une œuvre du photographe américain Weegee, et des peintures chinées à Paris et aux États-Unis.	The metal wall between the living room and my bedroom groups disparate objects: photographs by Anne Garde and Marie-Pierre Morel, a drawing by Élisabeth Garouste and Mattia Bonetti, two primitive paintings, a ceramic plate with an image by the American photographer Weegee, and paintings found at flea markets in Paris and the United States.

MES COLLECTIONS ET MOI

Comment j'ai commencé? je m'en souviens parfaitement. quand j'étais adolescent il y avait une crèmerie à l'ancienne près de chez mes parents, et quand elle a fermé, quelques années plus tard, j'ai pu y récupérer un objet que j'avais repéré longtemps avant : un splendide bocal à œufs, en gros verre soufflé datant du 19e siècle. Cette pièce spectaculaire a sans doute été le premier objet de ma collection de verrerie d'usage. Il ressemblait à un verre à pied, version géante. Il ne m'a jamais quitté depuis, et trône toujours dans ma cuisine.

Cela se passe toujours de la même manière. On commence par « un ». La découverte de l'objet unique. Bien sûr, il a un usage, il n'est pas superflu comme le serait un objet purement décoratif. Il m'est nécessaire. *I need it*, j'en ai besoin. Il m'accompagne dans mon quotidien. Je mange, je bois, je cuisine avec lui. C'est un nouveau compagnon que j'apprends à connaître, mais l'idylle est passagère et mon désir de nouvelles découvertes me pousse vers d'autres rencontres, d'autres objets… jamais identiques, c'est là tout l'intérêt de la chose. Ils ont tous un usage, mais sont tellement différents les uns des autres. Leur forme, leur matière, leur aspect… C'est sans doute là que réside leur pouvoir de séduction… Je ne résiste pas, et voilà comment commence la collection. Deux, trois, et c'est parti ! Débute alors une quête incessante, obsessionnelle, portée par une énergie à toute épreuve, au cours de mes voyages, de mes déplacements, de mes moments de loisir…

J'ai la chance de pouvoir me déplacer pour mon travail dans le monde entier, ce qui me permet d'aller chiner dans les lieux les plus improbables, les plus éloignés et les plus exotiques. À chaque fois que je me trouve dans un nouvel endroit, je me fais immédiatement indiquer le chemin du marché aux puces, du souk ou du bazar le plus proche. Ces lieux me rendent fébriles. Quel que soit le but de mon déplacement, je m'y rendrai. Je sais que je vais trouver l'objet qui me manque. Comment ? C'est très simple, j'ai une capacité totale à occulter tout ce qui ne m'intéresse pas. Seules apparaissent en couleur, et en relief, les pièces que je collectionne, ou celles qui m'interpellent et qui feront, peut-être, partie d'une nouvelle collection ! Leur valeur vénale n'a aucune importance : je peux faire une folie, tout comme il m'arrive de tomber amoureux d'un objet délaissé, ignoré de tous et dont le prix est dérisoire.

Je suis fasciné par la manière dont des cultures différentes produisent des objets d'usage dont la forme et les techniques de fabrication se ressemblent. Je sais aussi que, quelque part, se trouve un objet exceptionnel qui n'attend que mon regard pour être adopté, et vivre une nouvelle vie, chez moi. Je pense aux objets qui y sont déjà, en attente de ces nouveaux compagnons qui les rejoindront sur un coin de table dès mon retour. Ainsi la « famille » s'élargira et prospèrera. C'est pour moi une manière de vivre, d'exister, que de me créer ce monde intime.

Ensuite viendra le moment de faire le point, d'analyser les similitudes, les différences, de comprendre le travail de l'artisan qui les a conçus, de découvrir un détail particulier, etc.

Et puis le temps passe, la collection s'organise, se constitue, prend sa place. La période est sereine. Je suis en rémission, mais fragile. Il suffit d'un objet exceptionnel pour que la fièvre remonte. Et c'est reparti de plus belle. Mais la maladie est légère, elle a ses bons côtés, et j'ai un alibi : tous ces objets ont un usage, après tout, ils sont donc utiles, je les utilise, je vis avec eux, ils font partie de ma vie quotidienne. Ils sont nombreux, mais leur quantité me sécurise. La peur de manquer ? Un atavisme ? Peut-être... Cela expliquerait aussi que je sois un collectionneur de collections. Une autre raison de cette obsession pourrait être d'ordre professionnel. Ce qui m'intéresse dans ces objets c'est leur usage universel, qui les sort du passé et les relie à la modernité, à la création d'aujourd'hui. Les objets anciens donnent du sens à la création des objets actuels. En tant que directeur artistique, cela me permet de comprendre et de créer des tendances.

À ce jour, j'ai un nombre important de collections. Certaines sont en liberté dans mes espaces de vie, d'autres sont soigneusement remisées dans des tiroirs ou des cartons. Mais elles sont toutes là, prêtes à être mises en scène. Un livre, une exposition seront alors nécessaires pour leur donner à chacune le rôle que mérite sa personnalité.

Quant à désigner ma favorite, on aura compris que, de même qu'aucun parent ne peut avouer préférer l'un de ses enfants, je m'abstiendrai de répondre.

Et si l'on me demande quand une collection sera finie, ou bien quand je cesserai de collectionner, je ne peux que répondre... jamais, *never* !

15

ME AND MY COLLECTIONS

How did I start? I remember it perfectly. When I was a teenager, there was an old-fashioned dairy close to my parents' house, and when it closed a few years later, I was able to get an object that I had spotted there a long time before: a splendid 19th century bowl for eggs, made of thick blown glass. That spectacular piece was probably the first object in my collection of utilitarian glassware. It was like a giant version of a wineglass. I've held onto it ever since, and it still has pride of place in my kitchen.

It always happens the same way. It starts with "one." The discovery of a unique object. Of course, it has a use, it's not superfluous, like a purely decorative object would be. It's necessary to me. I need it. It keeps me company in my everyday life. I eat, drink, and cook with it. It's a new companion, which I get to know, but it's a brief romance, and my desire for new discoveries spurs me toward other encounters, other objects that are never identical; that's the whole attraction of it. They all have a use, but are so different from each other. Their shape, their material, their appearance. That is without a doubt where their power of seduction lies. I cannot resist, and that is how the collection starts. Two, three, and we're off and running! Then begins a constant, obsessive search driven by an overriding energy—when I travel, when I'm out and about, whenever I have any free time.

I'm lucky to be able to travel all around the world for my work, which lets me go hunting for things in the most improbable, remote, and exotic places. Whenever I'm in a new place, I immediately ask directions to the nearest flea market, souk or bazaar. Those places make me feverish. No matter the reason I may be traveling, I go there. I know that I'll find the object that I'm lacking. How? It's very simple. I'm able to totally tune out whatever I'm not interested in. All I see are the colors and shapes of the pieces I collect, or those that beckon to me and might become part of a new collection! Their monetary value does not matter at all: I can go overboard, just like how it sometimes happens that I fall in love with a forsaken object, ignored by everyone, that costs almost nothing.

I am fascinated by how different cultures produce utilitarian objects with shapes and manufacturing techniques that resemble each other. I also know that somewhere there is an exceptional object that is just waiting for me to see it so it can get adopted and live a new life, in my home. I think of the objects that are there already, waiting for new playmates to join them on the corner of a table when I get back. So the "family" will grow and prosper. For me, it is a way of life, a way of existence, to create this intimate world for myself.

Then there will come a time to take stock, to analyze the similarities, the differences, to understand the work of the artisan who designed them, to discover a special detail, and so on.

And then, as time goes by, the collection gets organized, takes shape, takes its place. That is a calm period. I am in remission, but in a fragile state. All it takes is an exceptional object for my fever to spike. And here we go again, only more so. But it is a mild sickness, it has its good sides, and I have an excuse: All these objects have a function, after all, so they are useful, I use them, I live with them, they are part of my everyday life. There are lots of them, but their abundance makes me secure. Fear of being deprived? Something atavistic? Perhaps. That might explain why I am a collector of collections. Another reason for this obsession could be professional. What interests me in these objects is their universal use, which brings them out of the past and connects them to the modern day, to current design. Antique objects give meaning to the design of present-day objects. As a creative director, that lets me understand and forecast trends.

Currently, I have a lot of collections. Some are out in my living space, others are carefully packed away in drawers or boxes. But they are all here, ready to be staged. So they will have to be displayed in a book or an exhibit so that each one of them can shine and get the exposure it deserves.

As for saying which one is my favorite, I am sure you'll understand that—just as parents cannot possibly say that one of their children is their favorite—I will decline to answer.

And if anyone asks me when a collection will be finished, or when I will stop collecting, all I can say is…*never*!

19

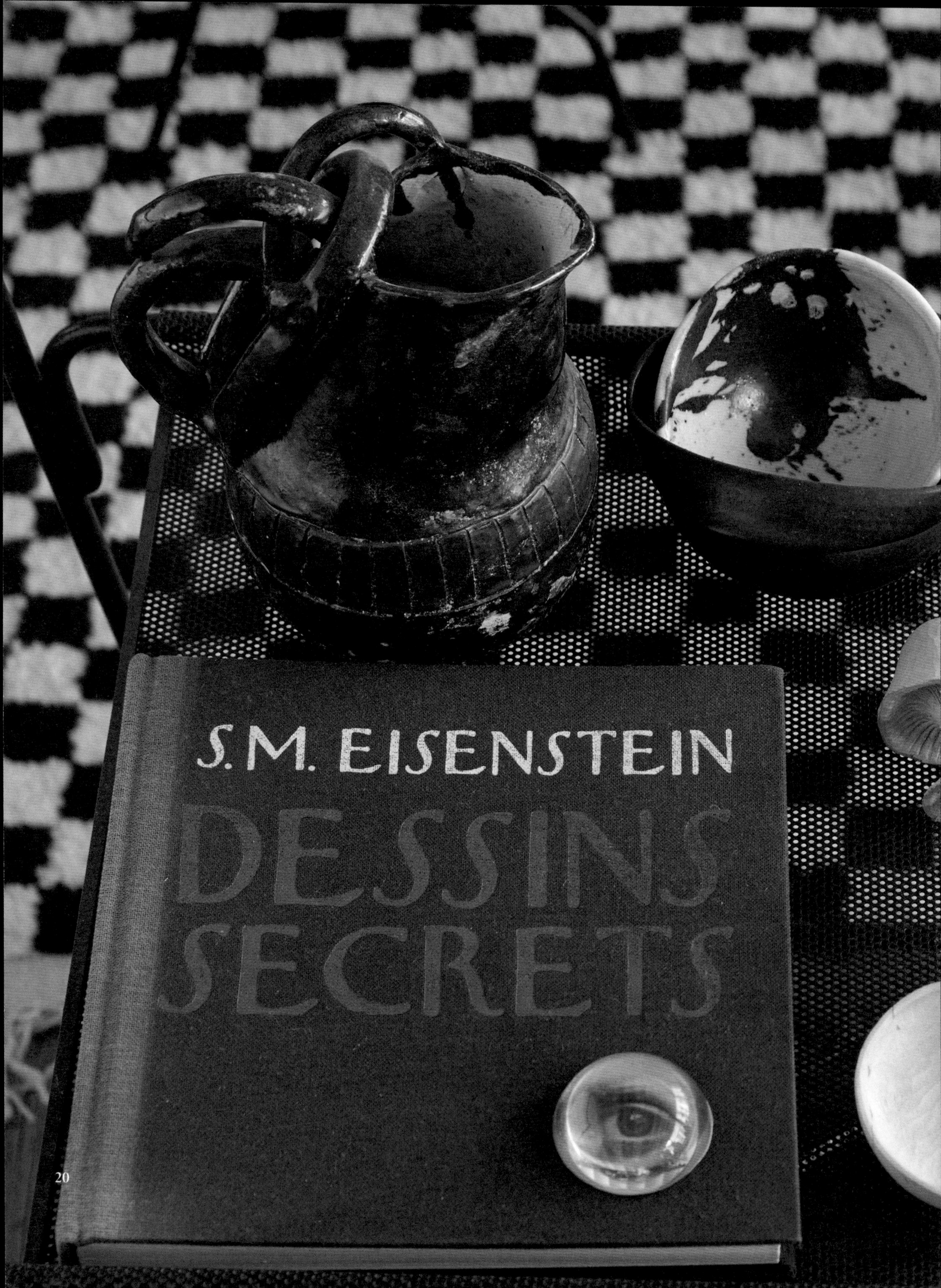
S.M. EISENSTEIN
DESSINS
SECRETS

ALL MY HOMES ARE CABINETS OF CURIOSITIES

It is interesting to see how people organize their homes. For example, some people hire an interior designer, and others totally scoff at that idea and furnish their homes catch-as-catch-can; some inherit pieces of furniture from relatives and feel hemmed in by an overbearing reverence for tradition; there are bohemians, who often create a quirky personal environment for themselves...and then there are the collectors, which include me. For them, it is more complicated.

I, for one, always start with an empty space. I like open spaces, without any partitions. I like to have a full view of the premises. I do not like the idea of "decorating." For me, how I lay out a space always involves the concept of "function." At this point in the process, the collections have not been put out yet. I like this bareness, like a blank page.

I know I will be able to indulge myself, stage things, mix and match, pair up objects by similarity, based on the craft that they represent, their utility, or else create contrasts between the cultures that they came from. The emptiness of my living space does not last very long!

But all collections are not created equal. Utilitarian objects have an easy time finding a second life, but others are by nature more quirky and must find their place in an environment that becomes cluttered quickly. Not in display cases, but set out on tables, shelves and windowsills...wherever space is available. They seem to be in conversation. It's crazy how objects talk to each other. This dialog among them excites me; it gets my mind going. I do not know whether in this case we can speak of collections, but I would say that all these objects assembled together, disparate though they may be, are part of the same family. There is a bond among them: the bond of having been chosen to live under the same roof, mine. They have their place here.

Others (not necessarily out of favor) are not attending the party, so they stay in cases or boxes stored in the cellar or in storage spaces…waiting for a future show that they will be invited to. Those that have been spared from storage are generally the most spectacular objects, and the most intimate. Some are even tucked away in my bathroom or my bedroom. They live, they breathe, they move, and I even believe they're waiting for me when I am off traveling.

So all my living spaces are awash with the objects that I choose. Of course, they vary depending on the latitude, the climate and the cultural setting of my apartment. In Paris, I prefer displaying the unusual, the offbeat, the contrasting: industrial style is played off against ethnic, antique against vintage, vintage against contemporary design and great 20th century classics; textures, materials and black-and-white all share quarters. I have relocated years of china there, and my most antique objects. In Nice, on the other hand, I started with a blank page because I did not have anything to put there. When I was a child, "good taste" rejected a certain style, but now, more than 50 years later, trends having changed, I wanted to challenge the norm. For example, by collecting barbotine pottery from Vallauris, covered with fish and shellfish, round rattan mirrors, faience from Malicorne…. About those kitschy barbotine objects, bunching them together makes them interesting: it totally changes how you look at them, and it validates them.

This vacation home, so sunny and roomy once the renovation work was finished, has slowly yielded to my passion. Just like 19th century collectors, who used to invite their friends to visit their cabinets of curiosities, I like to share my passions. But since I have not been able to host many connoisseurs in my home, I wanted to show them a broad and diverse selection of my treasures through this book.

33

38	Œuvre contemporaine de la photographe française Anne Garde ; deux poteries chinoises de la dynastie Liao (907-1125) ; un poisson en céramique de Dieulefit, Provence, 1930 ; lampe en bronze de la marque Sabino, 1950 — un des seuls objets qui me restent de l'appartement de mon enfance.	Contemporary work by French photographer Anne Garde; two pieces of Chinese pottery from the Liao dynasty (907-1125); a ceramic fish from Dieulefit, Provençal 1930; Sabino bronze lamp, 1950, one of the few objects remaining from my childhood apartment.
41	Nature morte signée Xavier Étienne, peintre français de l'école toulonnaise, datant des années 1960 et chiné dans une brocante à Paris ; à gauche, une théière en grès de La Borne, datant des années 1960 ; sculpture en bronze intitulée *L'homme perché*, de Andrei Sadko ; collection de cuillères à riz chinoises en bois, 19e siècle ; pot à lait en bois, Afrique du Sud, début 20e siècle ; barbotine contemporaine de Bachelot & Caron ; cheval en céramique de l'artiste grecque Ira Triantafyllides.	Still life from the 1960s, by Xavier Étienne, French painter of the Toulon school, found in a flea market in Paris; left, a stoneware teapot from La Borne, 1960s; bronze sculpture, *The Perched Man*, by Andrei Sadko; collection of Chinese wooden rice spoons, 19th century; wooden milk jug, South Africa, early 20th century; contemporary pottery by Bachelot-Caron; and a ceramic horse, by the Greek artist Ira Triantafyllides.
42, 43	Collection d'assiettes de dînette japonaise des années 1930. Page de gauche : assiette contemporaine en grès du céramiste Japonais Taketoshi Ito ; page de droite ; plat ovale en grès du céramiste contemporain Japonais Akio Nukaga.	Collection of Japanese snack plates from the 1930s. Left page: Contemporary sandstone plate by Japanese ceramicist Taketoshi Ito; right page: Oval stoneware plate by contemporary Japanese ceramicist Akio Nukaga.
44–45	De gauche à droite : deux enfumoirs à abeilles marocains en terre cuite, début 20e siècle ; bois sculpté, Japon, 19e siècle ; trois pièces en grès d'Élisabeth Joulia, céramiste française, La Borne, 1960.	From the left, two terracotta bee smokers, Moroccan, early 20th century; carved wood, Japan, 19th century; three stoneware pieces by French ceramicist Élisabeth Joulia, La Borne, 1960.
46	Sur des tabourets libanais en cuivre étamé, deux coupelles japonaises en aluminium ; une coupelle en étain du dinandier Soler ; une collection de bracelets africains en aluminium ; deux vases en verre soufflé et métal ; une boule de bowling en bois, raccommodée.	On Lebanese stools of hammered copper, two Japanese aluminum cups; a tin cup by the metalsmith Soler; a collection of aluminum African bracelets; two vases in blown glass and metal; a bowling ball made of patched wood.

47 Sur le rebord de la fenêtre, trois sculptures en papier mâché de l'artiste belge Johan de Witt ; un collage contemporain de l'artiste française Marie Laurence Lamy ; une maison en céramique de l'artiste japonais Katsunori Yaoita.

On the windowsill, three papier mâché sculptures by Belgian artist Johan de Witt; a contemporary collage by Marie Laurence Lamy; and a ceramic house by Japanese artist Katsunori Yaoita.

48–49 À gauche, un vase en grès d'Élisabeth Joulia ; une coupelle en céramique japonaise raccommodée ; trois pièces en aluminium de l'artiste japonais Keiichi Sumi ; plusieurs cuillères éthiopiennes en os sur une planche ancienne en bois debout ; trois pièces du céramiste Eric Astoul, La Borne, années 1980.

On the left, sandstone vase by Élisabeth Joulia; patched ceramic Japanese cup; three aluminum pieces by the Japanese artist Keiichi Sumi, several Ethiopian bone spoons on an antique end-grain wooden board; three pieces, La Borne 1980s, by ceramicist Eric Astoul.

50–51 De gauche à droite : panier japonais ancien pour ikebana, masque à igname *Abelam*, osier et pigments naturels, années 1950, Nouvelle-Guinée ; boules de pétanque en bois clouté ; vase en bois sablé du sculpteur contemporain Pascal Souder ; théière en céramique de l'artiste française Ema Pradère ; maquette miniature d'une chaise Multiple en métal, années 1930 ; au-dessous, la même chaise, taille réelle.

From the left, an ancient Japanese ikebana basket, *Abelam* mask of yam, wicker and natural pigments, 1950s, New Guinea; studded wooden *pétanque* balls; sandblasted wooden vase by contemporary sculptor Pascal Souder; and ceramic teapot by French artist Ema Pradère; miniature model of a Multiple chair, in metal, 1930s; below, the same chair, life size.

52	Cintre en fil barbelé dont le bout du crochet recouvert de cire rouge - cadeau d'un étudiant canadien en arts plastiques à l'occasion de mon exposition *Fil de Fer* à l'Université du Québec à Montréal, au Canada.	A barbed-wire hanger with red wax at the end of the hook, a gift from a Canadian student in the visual arts on the occasion of my *Wire* exhibit at UQUAM in Montreal, Canada.
55	Objets en fil de fer et métal : ciseaux, personnage publicitaire Nicolas et lunettes chinoises en écaille de tortue, 19e siècle.	Objects in wire and metal: scissors; advertising celebrity Nicolas; and Chinese tortoiseshell eyeglasses, 19th century.
56	Muselière pour chien en fil de fer, 19e siècle.	Wire dog muzzle, 19th century.
57	De gauche à droite : une lampe industrielle, deux lampes à huile provençales, deux boules de dentelière en verre et fer blanc, 19e siècle. Au fond : un mannequin de vitrine pour vêtement d'enfant en fil de fer, années 1930.	From the left, an industrial lamp; two oil lamps from Provence; two lace-maker globes in glass and tinplate, 19th century; and a wire display-window mannequin for children's clothing, 1930s.
58	À gauche, une sculpture chandelier en fer forgé de l'artiste contemporain français Eric Schmitt. Sur un meuble de pâtissier en métal époque Napoléon III, une collection d'objets en fil de fer datant du 19e siècle : une muselière pour chien, deux mannequins de vitrine et deux bougeoirs.	On the left, a wrought-iron candleholder sculpture by contemporary French artist Eric Schmitt. On a Napoleon III-era metal pastry-maker cabinet, a collection of wire objects, 19th century: a dog muzzle; two showcase mannequins; and two candlesticks.
59	Au mur, une œuvre de l'artiste contemporain grec Nakis Panayotidis. Sur le même meuble, une collection de céramiques chinoises datant de la dynastie Liao ; une lampe du designer allemand Ingo Maurer datant des années 1970 ; deux urnes en fil de fer époque Napoléon III, avec des fleurs en tôle et porcelaine.	On the wall, a work by the contemporary Greek artist Nakis Panayotidis. On the same cabinet, a collection of Chinese ceramics from the Liao dynasty; a 1970s lamp by the German designer Ingo Maurer; and two wire urns, Napoleon III, with metal and porcelain flowers.
60–63	La magie du verre : la verrerie d'usage est vraiment la plus ancienne et la plus importante de mes passions. Ici, une série de lampes à huile provençales des 18e et 19e siècles, qui vont du dessin le plus simple au plus élaboré.	The magic of glass: utilitarian glassware is really my oldest and main passion. Here, a series of Provençal oil lamps from the 18th and 19th centuries ranging from the simple to the elaborate.

64–65	Le mobilier de mon loft est principalement composé de meubles industriels vintage. C'est un support indispensable à la présentation de l'ensemble de mes collections.	The furniture in my loft is mainly vintage industrial furniture. It's an essential vehicle for showcasing all my collections.
66–69	En France, il existait une extraordinaire tradition de verrerie d'usage, notamment en Lorraine, qui fournissait autrefois les cafés et les restaurants. Sur les étagères de mes meubles, j'entasse depuis des années toutes sortes de verres dépareillés que j'utilise au quotidien selon mes envies.	In France, there was an extraordinary tradition of utilitarian glassware, especially in Lorraine, which used to supply cafés and restaurants. On my cabinet shelves, for years I've been accumulating all sorts of mismatched glassware, which I use depending on how I feel on any given day.
70	Quatre pichets à limonade, 19e siècle, originaires des manufactures de verre de Lorraine.	Four lemonade pitchers, 19th century, from glassworks in Lorraine.
71	Un flacon à liqueur en verre soufflé moulé, 19e siècle.	A molded blown glass liquor carafe, 19th century.
72–75	Pichets à vin en verre teinté originaires d'Europe centrale, fin du 18e siècle.	Tinted glass wine pitchers, Central Europe, late 18th century.
76	Dans ma cuisine, une autre partie de ma collection de pichets anciens est rassemblée sur des étagères en métal.	In my kitchen, another part of my collection of antique pitchers is displayed on metal shelves.
77	Sur ma table de cuisine, j'utilise quelques burettes en verre datant 19e siècle pour l'huile et le vinaigre. À coté, une boîte à pain allemande en porcelaine, début du 20e siècle ; sur le rebord de la fenêtre, un grand bocal en verre de laboratoire ; un élément de fresque en plâtre datant des années 30 et une menorah de la céramiste française Marion Grau.	On my kitchen table, I use some 19th century glass cruets for oil and vinegar. Alongside them, a German porcelain bread box, early 20th century; on the windowsill, a large laboratory glass jug; a fresco detail in plaster, 1930s; and a menorah by French ceramicist Marion Grau.
78–79	Dans la cuisine, sur des étagères du designer français Mathieu Matégot, datant des années 1950, une collection de burettes à huile d'une extraordinaire variété de formes et de tonalités.	In the kitchen on shelves by 1950s French designer Mathieu Matégot, a collection of oil cruets in an extraordinary variety of shapes and tones.

58

80	Une collection de passoires en métal est accrochée avec des aimants sur le dos d'un meuble de garage en métal.	A collection of metal strainers hangs from magnets on the back of a metal garage cabinet.
82–83	Au-dessus de ma cuisinière, une série de passoires vintage, prête à l'emploi, est suspendue à une barre.	Above my stove, vintage colanders, ready to use, hang from a bar.
84–85	Une collection d'écumoires américaines du 19e siècle est présentée sur le dos d'un meuble en métal. À droite, deux cuillères en fer forgé et cuivre du ferronnier américain Gabriel Craig, provenant de Détroit, dans le Michigan.	A collection of American skimmers from the 19th century is exhibited on the back of a metal cabinet. On the right, two wrought-iron and copper spoons by the American metalsmith Gabriel Craig of Detroit, Michigan.
86, 87	Ma collection d'écumoires américaines en fer blanc servait autrefois à écrémer le lait caillé.	My collection of American tinplate skimmers was once used to skim milk curd.
88	Sur l'intérieur de la porte d'une armoire en métal, j'ai accroché toutes sortes de passoires rapportées de mes voyages à travers le monde.	Inside of the door of a metal cabinet, I have hung all sorts of colanders picked up on my travels around the world.
89	L'artiste japonais Keiichi Sumi transforme des objets d'usage en œuvres poétiques.	Japanese artist Keiichi Sumi transforms utilitarian objects into works of poetry.
90	Une théière japonaise en aluminium martelé, typique des années 1950.	A Japanese teapot in hammered aluminum, typical of the 1950s.
91	Une théière finlandaise Arabia datant des années 1960, signée par la designer Ulla Procopé.	A Finnish Arabia teapot from the 1960s, signed by designer Ulla Procopé.

92	Deux couteaux pakistanais : l'un est à usage réel, l'autre est l'œuvre de l'artiste contemporaine indienne Shilpa Gupta.	Two Pakistani knives: One for actual use, the other the work of contemporary Indian artist Shilpa Gupta.
94–95	Sur le plan de marbre de la cuisine, j'ai posé une série de couteaux en métal brut d'origines diverses.	On the marble countertop in the kitchen, I've put a series of unwrought metal knives from various places.
96	Un couteau en métal réalisé avec une boîte de conserve par un artisan sénégalais est posé sur une planche en porcelaine blanche.	A metal knife made from a tin can by a Senegalese craftsman lies on a white porcelain board.
97	Plusieurs objets d'usage réinterprétés par des artistes d'aujourd'hui.	Several utilitarian objects reinterpreted by contemporary artists.
98	Deux couteaux à fromage italiens, vintage et insolites, sont posés sur une planche à découper design.	Two unusual vintage Italian cheese knives on a designer cutting board.
99	L'artisan américain Gabriel Craig a forgé ces trois couteaux à fromage en fer battu.	The American craftsman Gabriel Craig made these three cheese knives of wrought iron.
100–101	Sur le *mood board* à l'entrée de mon loft, deux couteaux africains en fer, réalisés à partir du métal de boîtes de conserve, se confondent avec des couteaux similaires représentés en photo.	On the mood board in the entryway to my loft, two iron African knives made from tin cans are juxtaposed with similar knives shown in a photo.

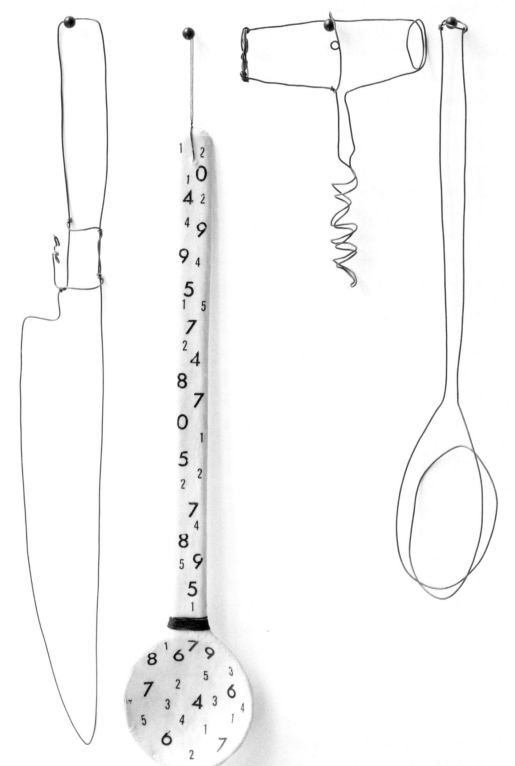

ands couteaux métal recyclé
taille réelle

1   2

102	Au fond de mon loft, j'ai conçu ma chambre à coucher comme un refuge, qui me sert aussi d'écrin pour mes collections plus intimes. Au mur, une œuvre de l'artiste contemporaine américaine Ayana Jackson.	In the back of my loft, I designed my bedroom as a refuge, which also serves as a haven for my more intimate collections. On the wall, a work by the contemporary American artist Ayana Jackson.
104	Une sculpture de visage en fil de fer, trouvée dans une brocante, voisine avec une œuvre du peintre français Eugène Fidler.	A wire face sculpture, found in a flea market, next to a work by the French painter Eugène Fidler.
105	Sur une des tables de chevet, un bonhomme Michelin vintage, en fonte d'aluminium ; un encrier en coquillage, souvenir de vacances acheté dans le bazar d'une station balnéaire ; et une lampe Gras ancienne. Au mur, un tirage unique, cadeau de Gilles de Chabaneix à l'occasion de la sortie de mon livre *Mitteleuropa.*	On a bedside table, a vintage Michelin man advertisement of cast aluminum; a seashell inkwell, a vacation souvenir that used to be sold in tourist shops at seaside resorts; and an antique Gras lamp. On the wall, an original print, a gift from Gilles de Chabaneix when my book *Mitteleuropa* was published.
106–107	Les murs de ma chambre sont dédiés au thème du marin, toutes origines confondues : plusieurs œuvres du peintre grec Yannis Tsarouchis et, dans un cadre Tramp Art, la photo d'un marin français datant du début 20e siècle.	My bedroom walls are given over to sailor imagery from all over: several works by the Greek painter Yannis Tsarouchis; and, in a Tramp Art frame, an early 20th century photo of a French sailor.
108	Un marin en faïence des années 1930, jouant de l'accordéon, est debout à côté d'un petit marin en plomb, jouet du début du 20e siècle.	A pottery sailor from the 1930s, playing the accordion, is next to a small sailor in lead, a toy from the early 20th century.
109	Sculpture en bois d'un marin américain, datant des années 1950.	A wooden sculpture of an American sailor from the 1950s.
110	Deux mannequins de vitrine en papier mâché, d'origine espagnole et datant des années 1950, supportent une collection de colliers en perles de terre cuite provenant d'Afrique du Sud.	Two 1950s Spanish papier mâché display-window mannequins sport a collection of terracotta beaded necklaces from South Africa.
111	Une coupe en céramique signée par l'artiste japonais contemporain Taketoshi Ito est remplie de mon énorme collection de bagues. En haut, bague de mariage juif en argent provenant d'Europe centrale, 19e siècle.	A ceramic bowl by the contemporary Japanese artist Taketoshi Ito is filled with my vast collection of rings. On the top right, a 19th century Central European silver Jewish wedding ring.

112	Quelques œuvres érotiques sont à peine cachées dans mon cabinet de toilette.	Some erotic works are barely hidden in my bathroom.
114	Un ex-voto espagnol en argent datant du 19e siècle, symbole de fertilité, voisine avec ces pins des artistes contemporains anglais Gilbert & George, trouvés à New York.	A Spanish votive offering, a fertility symbol, 19th century silver, next to these pins by contemporary English artists Gilbert & George, found in New York.
115	J'ai mélangé de manière irrévérencieuse des objets religieux, comme des ex-voto mexicains en tôle peinte du 18e siècle, des objets païens, comme cette peinture libertine du 19e siècle, et l'œuvre scatologique de l'artiste contemporain français Jean-Michel Othoniel. J'ai rajouté un petit sexe en or de l'artiste grecque Margarita Myrogianni à une figurine de pope.	I have irreverently mixed religious objects, such as 18th century Mexican votive offerings in painted metal, with pagan objects, such as this libertine painting from the 19th century, and also the scatological work of the French contemporary artist Jean-Michel Othoniel. I've added a little golden phallus by the Greek artist Margarita Myrogianni to a figurine of the Pope.
116	Un présentoir de soutien-gorge, datant des années 1950, sert de support à une bannière *Trans is Beautiful*.	A 1950s brassiere hanger supports a banner saying *Trans is Beautiful*.
117	Des figurines vintage de catcheurs américains entourent une fausse plaque signalétique ancienne, peinte par Olivier Vatinel, un ami antiquaire à Athènes, en Grèce.	Vintage American wrestler figurines next to a fake antique sign, painted by Olivier Vatinel, an antiques dealer friend in Athens, Greece.
118	Céramique érotique des années 1950, trouvée dans une brocante au sud de la France.	An erotic ceramic piece from the 1950s found in a flea market in southern France.
119	Autrefois, à la fin d'une dure journée de travail, les souffleurs de verre réalisaient des objets insolites avec des chutes de verre. Ce pénis, trouvé chez un antiquaire parisien, est un exemple de ce genre de fantaisie.	In olden days, at the end of a hard day's work, glassblowers would take glass scraps and make eccentric objects. This penis, found in an antiques shop in Paris, is an example of that sort of whimsy.
120–121	Dans les années 1980, Manolis Pantelidakis, un ami grec, a réalisé à Paris un carnet de voyage érotique.	In the 1980s, in Paris, Manolis Pantelidakis, a Greek friend, created an erotic travel journal.

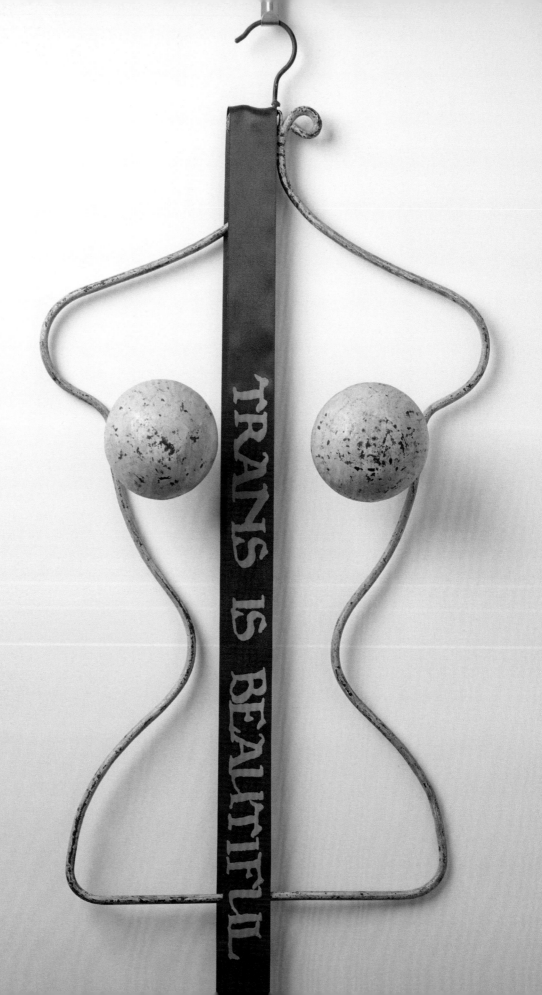

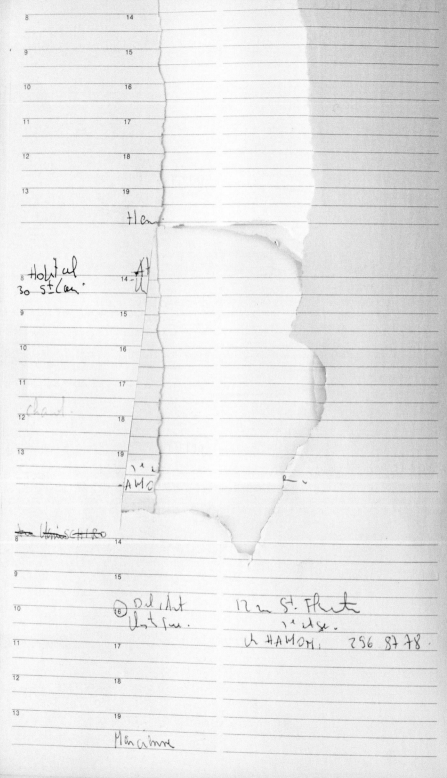

Mars
März
Marzo
March
Marzo

25

Lundi
Montag
Lunedi
Monday
Lunes

Week 13

Avril
April
Aprile
April
Abril

4

Jeudi
Donnerstag
Giovedi
Thursday
Jueves

29

30

8   14

30 Hotel
St Louis

9   15

10   16

11   17   Je Lui

12   18

13   19

14

15

16

17

18

19

s.lc !

31

Mar/Mär/M	Avr/Apr/Apr	
Mar/Mar	Apr/Abr	
	1 L/M	14
V/F	2 M/D/T	
D/S	3 M/W	
L/M	4 J/D/G/T	
5 M/D/T	5 V/F	
6 M/W	6 S	
7 J/D/G/T	7 D/S	
8 V/F	8 L/M	15
9 S	9 M/D/T	
10 D/S	10 M/W	
11 L/M	11 J/D/G/T	
12 M/D/T	12 V/F	
13 M/W	13 S	
14 J/D/G/T	14 D/S	
15 V/F	15 L/M	16
16 S	16 M/D/T	
17 D/S	17 M/W	
18 L/M	18 J/D/G/T	
19 M/D/T	19 V/F	
20 M/W	20 S	
21 J/D/G/T	21 D/S	
22 V/F	22 L/M	17
23 S	23 M/D/T	
24 D/S	24 M/W	
25 L/M	13 25 J/D/G/T	
26 M/D/T	26 V/F	
27 M/W	27 S	
28 J/D/G/T	28 D/S	
29 J/D/G/T	29 L/M	18
30 S	30 M/D/T	
31 D/S		

122	Changement de climat, changement de vue, changement de style. Je suis à Nice.	A change in climate, a change in view, a change in style. I am in Nice.
124–125	Une collection de poissons en céramique, créés dans les années 1930 par le sculpteur français Le Jan pour Manufrance, regarde la Méditerranée.	A collection of ceramic fish created in the 1930s by the French sculptor Le Jan for Manufrance, facing the Mediterranean.
126–127	Dans cet appartement ouvert sur la mer, j'ai eu envie de recréer une atmosphère de vacances qui me rappelle mon enfance sur la Côte d'Azur : un loft pour recevoir un autre genre de collections, plus légères et plus amusantes.	In this apartment facing the sea, I wanted to recreate a vacation atmosphere to remind me of my childhood on the Côte d'Azur: The idea of a loft to house another kind of collections, lighter and more fun.
128–129	Cette grande pièce avec ses grands murs blancs était propice à accueillir cette collection de miroirs en rotin créés dans les années 1950 dans le plus pur style Riviera. Seule touche contemporaine : trois miroirs dessinés par Paola Navone, designer italienne.	This big room with its big white walls was ideal to house this collection of rattan mirrors from the 1950s in the purest Riviera style. The only contemporary touch: three mirrors by the Italian designer Paola Navone.

131	Le céramiste français Émile Tessier a produit, dans les années 1950, une très grande variété de vases, pichets et coupes pour les Faïenceries d'Art de Malicorne, dans la Sarthe.	In the 1950s, the French ceramicist Émile Tessier produced a very large variety of vases, pitchers, and bowls for Faienceries d'Art de Malicorne, in the Sarthe region of western France.
132–133	Une des spécialités de Malicorne était la technique de la céramique tressée. Ma collection montre la diversité de ces productions.	One of the specialties of Malicorne was its woven ceramics technique. My collection is an example of the diversity of that production.
134	On peut trouver dans cette production d'autres types d'objets, tel que ces bougeoirs.	This production includes other types of objects, such as these candleholders.
135	Dans la cuisine, quelques pichets de tailles différentes sont posés sur une étagère en métal perforé dessinée par la designer italien Paola Navone, tandis que d'autres y sont suspendus.	In the kitchen, on a perforated metal shelf designed by Paola Navone, I have arranged and hung pitchers of various sizes.
136–137	Sur un meuble de garage vintage en métal peint en rouge, un ensemble de pièces représente les différentes techniques ornementales des céramiques de Malicorne.	On a vintage red-painted metal garage cabinet, a set of pieces represents the various ornamental techniques of Malicorne ceramics.
138–139	J'aime créer des zones de vie et y intégrer différents groupes d'objets.	I love to create living areas and integrate different groups of objects.
140, 141, 142, 143	Toute mon enfance a été bercée par l'imaginaire de ces céramiques populaires de Vallauris, sur la Côte d'Azur. À cette époque, les céramiques faux bois de Grandjean-Jourdan étaient très à la mode, mais pas au goût de ma mère qui préférait les artistes plus sophistiqués de la galerie Madoura à Vallauris. Je me venge aujourd'hui en commençant cette nouvelle collection pour ce lieu de weekend.	My whole childhood was nurtured by the recollection of these popular ceramics from Vallauris on the Côte d'Azur. At that time, Grandjean-Jourdan trompe-l'œil faux wood ceramics were very fashionable but didn't appeal to my mother, who preferred the more sophisticated artists of the Madoura gallery in Vallauris. Now my revenge has been to start this new collection for this weekend place.

138

145, 146–147	J'ai eu aussi envie de collectionner un autre type d'objets que l'on trouvait dans les années 1950 à Vallauris et qui me faisaient rêver. Ce sont ces barbotines représentant des poissons, des coquillages et des fruits de mer, dans des assiettes et des plats.	I also wanted to collect another type of objects from the 1950s in Vallauris that I dreamt about—the colorful majolica pottery depicting fish, shellfish, and seafood, on plates and platters.
148, 149, 150	Pour rester fidèle aux années 1950, j'ai chiné de la vaisselle représentative du style de cette époque, et reconstitué petit à petit tout un service de table Crépuscule peint à la main à la manufacture Niderviller, dans l'est de la France.	To stay loyal to the 1950s, I've been hunting for china in the style of that time, and little by little, assembling a table service in the hand-painted Crépuscule pattern from the Niderviller factory in eastern France.
151	Sur un chariot de chemin de fer vintage, qui fait office de table basse dans le salon, j'ai posé un immense plat à poisson en céramique, peint à la main, provenant également de la manufacture de Niderviller.	On a vintage railway cart that serves as a coffee table in the living room, I've placed an enormous hand-painted ceramic fish plate, also from the Niderviller factory.
152	Ces grands plats en écorce de liège servaient dans les années 1950 à présenter les poissons qui allaient être cuits pour la bouillabaisse dans les restaurants du sud de la France. Ils me servent aujourd'hui à recevoir une collection de fruits et légumes en verre de Murano, datant des années 1950.	These big cork-bark dishes were used in the 1950s in restaurants in the south of France to display the fish that were going to be cooked for the bouillabaisse. Today, I use them to hold a collection of 1950s Murano glass fruits and vegetables.
153	Dans la cuisine, je m'amuse parfois à mélanger des citrons en verre de Murano avec de vrais citrons niçois.	In the kitchen, I sometimes have fun mixing Murano glass lemons with real lemons from Nice.
154	Pour la chambre à coucher, j'ai voulu un style minimal, en contraste avec les accumulations d'objets.	For the bedroom, I wanted a minimalist style, in contrast with the accumulation of objects elsewhere.
155	Au-dessus du lavabo, une collection d'armoires de toilette en métal des années 50 sert de rangement.	Above the sink, a collection of 1950s metal medicine cabinets are used for storage.

156

156, 158, 159, 160–161	J'aime l'histoire du métier de tabletier, ces artisans qui fabriquaient des objets en ivoire, en os, en corne, en nacre et en écaille de tortue. Ce savoir-faire s'est développé tout au long du 19e siècle dans l'Oise, près de Paris. J'ai eu la chance de rencontrer un jour le descendant d'un de ces artisans qui m'a offert les échantillons d'époque de brosses à dents produites dans la manufacture de son arrière-grand-père. Depuis, la collection s'est largement agrandie. Je la conserve dans les tiroirs d'un meuble vintage de dentiste.	I love the history of the craft of *tabletier*, artisans who fashioned objects from ivory, bone, horn, mother of pearl and tortoiseshell. That craft was plied throughout the 19th century in the region of Oise, near Paris. One day, I was lucky enough to meet the descendant of one of those craftsmen, who gave me vintage samples of toothbrushes produced at his great-grandfather's shop. Since then, the collection has grown a lot. I keep many of the toothbrushes in the drawers of a vintage dentist's cabinet.
162–163, 164, 165	Une collection de pichets et de vases signés Jacques Blin, célèbre céramiste français des années 1950, est présentée dans ma chambre sur des étagères et des petites tables de Mathieu Matégot.	A collection of pitchers and vases by Jacques Blin, the famous French ceramicist of the 1950s, is displayed in my bedroom on shelves and little tables by Mathieu Matégot.

160

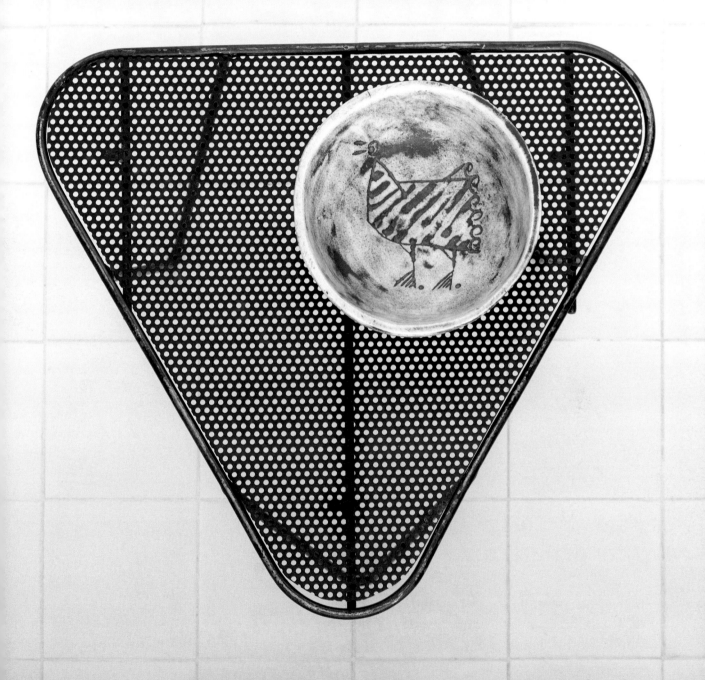

166–167	Pour finir, j'ai le plaisir de dévoiler quelques trésors que je garde secrètement cachés dans des boîtes. Ce sont des ornements de Noël. Quelques-uns d'entre eux figurent sur l'un de mes *mood boards*.	Finally, it is my pleasure to unveil some of the treasures that I keep hidden away in boxes. They are Christmas ornaments. A few of them are shown on one of my mood boards.
168	Dans une coupe en céramique des années 1950, j'ai entassé comme des bijoux de petits ornements anciens en verre.	In a ceramic bowl from the 1950s, I have piled some of my antique glass mini-ornaments like jewels.
170–175	J'ai découvert il y a des années, au marché aux puces de Vienne, en Autriche, d'étranges ornements de Noël réalisés avec de minuscules perles de verre mercurisé. C'est à Gablonz, une toute petite ville de l'ex-Tchécoslovaquie, que tout a commencé au 19e siècle : les habitants fabriquaient « à façon » ces objets qui étaient ensuite exportés dans le monde entier jusqu'à la seconde guerre mondiale. Pour moi, c'est devenu une passion. Aujourd'hui, j'en ai des centaines, classés par familles. Les animaux et insectes sont très réalistes.	Years ago, at the flea market in Vienna, Austria, I stumbled across some strange Christmas ornaments made from tiny mercury glass beads. Gablonz, a tiny town in the former Czechoslovakia, was where it all began in the 19th century. The inhabitants hand-crafted these one-of-a-kind objects, which were then exported all over the world up until World War II. For me, that was the start of a passion. Today, I have hundreds, organized by families. The animals and insects are very realistic.
176–177	Ces vélos montrent l'imagination des artisans pour réinterpréter les objets du quotidien.	These bikes show the imagination the artisans had for reinterpreting everyday objects.
178, 179	Une femme et un homme, réalisés juste avec quelques perles de verre, prennent une posture de pantin, étonnamment figurative.	A man and woman, made with only some glass beads, take on surprisingly figurative puppet poses.
180, 181	Plusieurs types de perles étaient utilisés pour réaliser ces petits objets en pâte de verre qui concurrençaient à l'époque la production vénitienne. Les petits chiens sont en verre moulé.	Several types of beads were used to make these small objects in *pâte de verre* which at the time were in competition with Venetian ones. The little dogs are made of pressed glass.
182–185	Gablonz avait aussi une production de bijoux en strass qui a inspiré ces ornements dans un esprit plus glamour, rappelant boucles d'oreille et broches florales.	Gablonz also had a plant producing rhinestone jewelry, which inspired these ornaments that were more glamorous and reminiscent of earrings and flower brooches.
186, 187	Gablonz a aussi emprunté à Venise le travail de la canne de verre.	Gablonz also borrowed glass cane work from Venice.

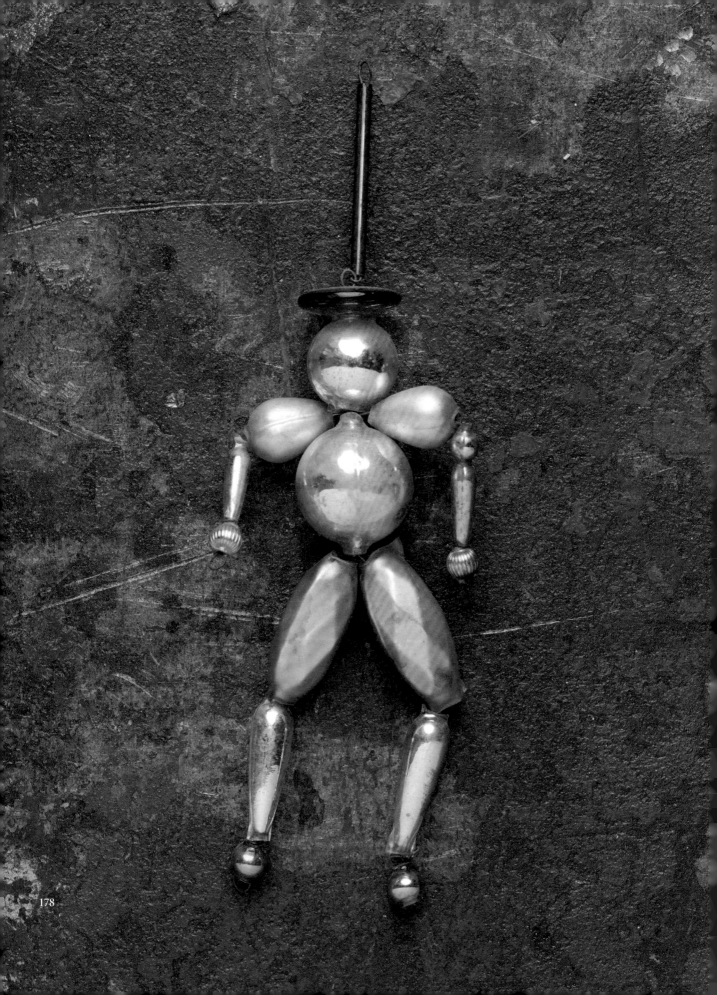

190   Sur mon palier, un R géant domine l'espace où une collection de vases en céramique de Malicorne est rassemblée sur un meuble de piscine américain des années 1950. Une œuvre de l'artiste américaine Lauren Comito complète l'ensemble.

On my landing, a giant R dominates the space, where a collection of Malicorne ceramic vases is set on 1950s American gym lockers. A work by the American artist Lauren Comito completes the story.

---

193   Les objets ont plusieurs vies. J'aime en détourner les usages. Je me sers de ce *poron* espagnol, autrefois utilisé pour boire le vin directement dans la bouche, comme d'un huilier.

Objects have many lives. I like to repurpose them. I use this Spanish *porón*, which was once meant for pouring wine directly into the mouth, as an oil cruet.

Couverture de dos Ce spectaculaire plat en céramique tressé est emblématique de ma collection de poteries Malicorne.

Back cover This spectacular woven ceramic dish is emblematic of my collection of Malicorne pottery.

MERCI / THANK YOU

Toute ma vie j'ai été encouragé dans mes obsessions par un entourage bienveillant qui, au lieu de me critiquer, m'a aidé à assouvir cette aventure.

Je remercie tout d'abord Suzanne Slesin, mon amie et éditrice, témoin enthousiaste de mes débordements; Frederico Farina, directeur artistique sensible à mes obsessions; Kelly Koester, l'organisatrice par excellence à Pointed Leaf Press; Francis Amiand photographe attentif à mes exigences; Paola Navone qui partage depuis longtemps avec moi mes passions; et Cathie Fidler, qui m'a aidé à rédiger mes textes.

Je tiens aussi à remercier: William Aidan, Gladys Amiel, Catherine Ardouin, Françoise Dorget, Adrienne Dubessay, Laurence Leclerc, Jacques Lefebvre-Linetzky, Valerie Mathieu, Jean-Louis et Marie-Jeanne Ménard, Christine Puech, Catherine et Marcel Sabaton, Shiri Slavin et Claude Vuillermet.

All my life I have been encouraged in my obsessions by a supportive circle of friends, who, instead of criticizing me, helped me satisfy this need and realize this adventure.

I first want to thank Suzanne Slesin, my friend, editor, publisher, and the enthusiastic witness of my excesses; Frederico Farina, the sensitive creative director of my obsessions; Kelly Koester, the managing editor at Pointed Leaf Press, who kept it all together; and Marion D. S. Dreyfus, copy editor; Francis Amiand, the photographer who was so attentive to my needs; Paola Navone, who, for a long-time, has shared my passions, and Cathie Fidler, who helped me compose my texts for this book.

I also want to thank: William Aidan, Gladys Amiel, Catherine Ardouin, Françoise Dorget, Adrienne Dubessay, Laurence Leclerc, Jacques Lefebvre-Linetzky, Valerie Mathieu, Jean-Louis and Marie-Jeanne Ménard, Christine Puech, Catherine and Marcel Sabaton, Shiri Slavin, and Claude Vuillermet.

INDEX

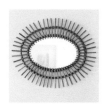

DANIEL ROZENSZTROCH a été longtemps conseiller de la rédaction du magazine *Marie-Claire Maison*, et actuellement est directeur artistique du magasin Merci à Paris, et également l'auteur d'une série de livres dans la collection L'Art de vivre (Flammarion) et d'ouvrages consacrés aux objets de la vie quotidienne, dont *Fil de fer*, et *Vaisselles*, (Abbeville Press); *Hareng* et *Cuillère* (Pointed Leaf Press).

DANIEL ROZENSZTROCH has been a longtime consultant to the magazine *Marie-Claire Maison* and is the creative director of Merci in Paris, France. He is also the co-author of a series of titles in the Style Series (Clarkson N. Potter), as well as of a number of books on the subject of everyday things that include *Wire* and *Kitchen Ceramics* (Abbeville Press); and *Herring* and *Spoon* (Pointed Leaf Press).

Éditeur / Publisher SUZANNE SLESIN
Directeur artistique / Creative director FREDERICO FARINA
Coordination éditoriale / Managing editor KELLY KOESTER

ISBN: 978-1-938461-99-6 Library of Congress Number: 2018946116
First Edition Printed in Italy

MA·GRIFFE

JEAN PRISONI

PARIS LOUVRE
PPDC
30.09.09
365 FR 756023
€ R.F.
000,76

AMOUR POUR

...roch

...marchais

Je t'aime Chat!

VIVE TOI!

IVAN + CHLOE

M RER T BU

LIBERTÉ

merci
111 boulevard Beaumarchais
75003...

4-46-11-658 Kamiteb
Toshimatu 1ê ô12
Tokyo Japan

Webcam

2011.10.3
Dear: 翻訳乐一立支持校

October? MISS U a lot!!

L'altro